$L\frac{27}{n}.10929.$

HISTOIRE

DE

LAFAYETTE.

VIE

DU

GÉNÉRAL LAFAYETTE.

Le général Lafayette naquit en Auvergne, le 6 septembre 1757, et fut élevé au collège Duplessis, à Paris. Dans sa dix-septième année il épousa la fille du feu duc de Noailles, petite-fille du grand et excellent chancelier d'Aguesseau. Sa fortune était considérable, son rang des premiers de l'Europe; sa parenté lui donnait l'appui de principaux personnages de la cour de France, et son caractère individuel, les manières franches, aimables, bienveillantes qui devaient un jour le distinguer et lui donner sur l'esprit des hommes un empire si extraordinaire, le rendirent de bonne heure très-influent sur les sociétés dans lesquelles il se trouvait.

Ce fut à cette époque que ses pensées et ses sentimens se tournèrent vers la lutte que les colonies américaines soutenaient contre leur métropole. Rien n'était moins propre à tenter un homme qui eût été dominé par des sentimens personnels que la position des États-Unis dans ce moment. Leur armée était en retraite; leur crédit en Europe totalement perdu, et leurs commissaires, auxquels Lafayette persistait à offrir ses services, furent obligés de lui avouer qu'ils ne pouvaient lui fournir des moyens de transport convenables. « Alors, » dit-il, « j'achèterai et j'équiperai un vaisseau moi-même. » Il le fit ; et ce vaisseau fut envoyé dans le port d'Espagne le plus voisin, pour le mettre hors de la portée du gouvernement français. Il était déjà en route pour s'embarquer quand sa romanesque entreprise fut connue ; et l'effet en fut plus grand qu'on ne l'aurait imaginé. A l'instigation de l'ambassadeur anglais, on envoya l'ordre de l'arrêter ; et la *lettre de cachet* l'atteignit à Bordeaux, où il fut pris ; mais, à l'aide de quelques amis, il s'échappa déguisé en courrier, et passa la frontière trois ou quatre heures avant que ceux qui le poursuivaient n'y arrivassent. La sensation produite par son apparition aux États-Unis fut encore plus grande que celle qu'avait excitée son départ en Europe. Cet événement sera toujours regardé comme un des plus importans, des plus décisifs de cette guerre ; et ceux qui l'ont vu peuvent seuls se faire une juste idée de l'impulsion que cette circonstance donna aux espérances d'un peuple qu'une suite de désastres avaient presque découragé.

Immédiatement après son arrivée, Lafayette reçut l'offre d'un commandement dans l'armée américaine, qu'il refusa avec une rare modestie. Pendant tout le cours de son service, il parut désireux de prêter un secours désintéressé à la cause qu'il avait embrassée. Il commença par habiller et armer un corps à ses dépens; ensuite, il entra comme simple volontaire sans solde dans les rangs américains. Par un vote du congrès, en juillet 1777, il fut nommé major-général, et fut blessé en septembre de la même année, à Brandywine. En 1778, il fut employé à la tête d'une division; et après avoir reçu les remercîmens du congrès, il s'embarqua, en 1779, à Boston, pour la France, où ses services lui semblaient devoir être plus utiles qu'en Amérique.

Il arriva à Versailles le 12 février, et eut le même jour une longue conférence avec le premier ministre Maurepas; mais il ne lui fut pas permis de se présenter au roi, pour le punir d'avoir quitté la France sans permission, et on lui enjoignit de ne voir que ses parens: cependant comme, par sa naissance et son mariage, il était allié à presque toute la cour, et que l'on se portait en foule à son hôtel, cet ordre lui causa peu de gêne. Par ses soins assidus le traité entre l'Amérique et la France, alors seulement projeté, fut hâté et rendu efficace en faveur de la première; car il travailla sans relâche à obtenir de son gouvernement une flotte et des troupes, et cet objet une fois obtenu, certain d'être bientôt suivi par le comte de Rochambeau, il traversa encore l'Atlantique, et rejoignit l'armée américaine en 1780. Il communiqua au général en chef les importantes nouvelles qu'il apportait, et prit le commandement d'un corps d'infanterie de deux mille hommes qu'il équipa en partie à ses frais, et qui devint, par la sage discipline qu'il y établit et par ses constans sacrifices, le meilleur corps de l'armée. Sa marche forcée en Virginie (après avoir emprunté deux mille guinées sur son propre crédit pour suppléer aux premiers besoins des troupes), la délivrance de Richemond, sa campagne contre Cornwallis, enfin le siége de York-Town, et l'assaut et la prise de cette place en octobre 1781, sont des preuves de ses talens comme général, et de son dévouement aux États-Unis.

Le congrès avait déjà plusieurs fois reconnu ses services ; mais quand il retourna en France en novembre 1781, il prit une résolution dans laquelle il est dit, parmi d'autres expressions honorables ; que leurs ministres, dans l'étranger, conféreraient avec lui sur les affaires de leur pays : marque de confiance et et d'estime dont il s'est vu peu d'exemples.

Une brillante réputation l'avait précédé en France. La cause de l'Amérique était devenue populaire en ce pays. L'on se pressait sur les pas du défenseur de cette cause dans les rues, dans les promenades ; et cependant le voyage qu'il fit pour se rendre à sa terrre dans le sud, les villes qu'il traversa lui rendirent des honneurs civiques. Les fêtes qui lui furent données à Orléans l'y retinrent une semaine.

Cependant il insistait constamment auprès du gouvernement sur la nécessité politique d'envoyer de nouvelles troupes en Amérique, et le comte d'Estaing reçut enfin l'ordre de se tenir prêt à faire voile pour les États-Unis, aussitôt que Lafayette l'aurait joint. Quarante-neuf bâtimens et vingt mille hommes étaient rassemblés à Cadix à cet effet, quand la paix rendit tout effort subséquent inutile. Ce grand événement fut annoncé en France par une lettre de Lafayette, datée de Cadix, le 5 février 1783.

Sur l'invitation pressante de Washington, Lafayette repasse encore l'Atlantique en 1784; mais son séjour en Amérique fut de courte durée, et quand il la quitta pour la troisième et, comme il le croyait alors, pour la dernière fois, le congrès nomma une députation, composée d'un membre de chaque état, qui devait prendre congé de lui au nom du pays, et l'assurer que le peuple des États Unis « ne cesserait jamais de l'aimer, de l'honorer, de s'intéresser à sa gloire, à son bonheur, de l'accompagner partout de leurs vœux les plus ardens. » Il fut encore arrêté que le congrès écrirait une lettre au roi T. C. pour lui exprimer la haute estime qu'il conservait pour le mérite et les talens de Lafayette, et le recommander à la faveur de S. M.

En 1785 il passa quelques tems en Prusse, pour voir les troupes de Frédéric, et reçut de ce monarque un accueil honorable ; mais les grands événemens qui commençaient en France l'y rappelèrent bientôt. Il s'occupa (sans succès), avec Malesherbes, de faire rendre aux protestans français leurs droits civils. Sa voix fut la première qui s'éleva dans son pays contre le commerce des noirs ; et dès lors il employa des sommes considérables à acheter des esclaves et à les faire élever convenablement pour l'émancipation.

En février 1787 s'ouvrit l'assemblée des notables, et Lafayette, par son influence, imprima aux délibérations de cette assemblée un caractère de hardiesse extraordinaire pour le temps. Il proposa de demander la suppression des lettres de cachet ; il proposa de plus (et ce fut la première fois que ce mot, qui marque un pas si important vers un gouvernement délibérant régulier, fut prononcé en France), la convocation des représentans du peuple.

Lafayette ne se distingua pas moins aux états généraux assemblés en 1789, et réunis de nouveau sous le nom d'assemblée nationale. La *déclaration des droits*, adoptée par l'assemblée pour être présentée à l'acceptation du roi, fut rédigée par lui. Le 14 juillet, au moment même où on prenait la Bastille, il fit une motion sur la responsabilité des ministres, qui fut décrétée ; et il fournit ainsi l'un des élémens les plus importans d'une monarchie représentative. Deux jours après il fut nommé commandant de la garde nationale de Paris.

Ce grand commandement militaire, joint à son influence personnelle plus grande encore le mettait également en contact avec la cour, le roi et le peuple, position aussi délicate que difficile. Toutes choses tendaient au désordre et à la violence. Le peuple des faubourgs s'arma dans le dessein d'aller à Versailles forcer le roi à venir résider à Paris.

La garde nationale se proposait d'accompagner cette sauvage multitude, mais Lafayette s'opposa à cette résolution, quoiqu'elle eut été approuvée par la municipalité. Ce fut seulement quand il vit plus de cent cinquante mille personnes des deux sexes courir sur la route de Versailles, avec des armes et même des canons, qu'il consentit à demander aux autorités l'ordre de marcher, et qu'il se rendit au poste devenu celui du danger, celui qu'il croyait de son devoir d'occuper.

Il arriva à Versailles à dix heures du soir, après avoir enduré des fatigues incroyables, tant à Paris que sur la route, pour aller d'une place à l'autre contenir la multitude. « Le marquis de Lafayette, » dit Madame de Staël « entre enfin au château, et traversant la pièce où nous étions, se rendit chez le Roi. Il avait l'air très calme : personne ne l'a jamais vu autrement. Il demanda les postes intérieurs du château pour en garantir la sûreté ; on se contenta de lui accorder ceux du dehors. » Lafayette répondait donc de ceux-ci, mais de rien autre ; et son engagement fut rempli avec une fidélité que les circonstances rendaient aussi difficile que dangereuse. Entre deux et trois heures, la famille royale alla prendre quelque repos. Lafayette s'endormit aussi, harassé des travaux de la journée. A quatre heures et demies la population pénétra dans le palais, par un obscur passage intérieur que l'on avait négligé de fermer, qui ne se trouvait pas dans la partie du bâtiment confiée à Lafayette, lequel se hâtant d'accourir avec des gardes nationaux, protégea les gardes du corps et sauva la vie des princes.

Aussitôt qu'il fit jour la même multitude furieuse remplit le vaste espace de la cour de marbre, appelant à grands cris le Roi pour qu'il vint demeurer à Paris, et la Reine pour qu'elle se montrât au balcon. Le Roi déclara qu'il avait l'intention de se rendre dans sa capitale ; mais Lafayette craignait pour la Reine au milieu de cette foule en fureur. Il alla à cette Princesse et lui demanda si elle était décidée à suivre le Roi ; sur sa réponse affirmative, il la conjura de se montrer d'abord avec lui sur le balcon. — « Êtes-vous positivement déterminée ? » lui dit-il. — « Oui monsieur. » — « Consentez alors à venir sur le balcon, et souffrez que je vous accompagne.. » — « sans le Roi ? » Dit elle en hésitant. « Avez vous remarqué leurs menaces ? » — » Oui, madame ; mais osez vous confier à moi. »

Quand ils parurent ensemble, les cris de la foule rendirent impossible de se faire entendre. Il fallait donc parler aux yeux ; et se tournant vers la reine, Lafayette baisa simplement sa main devant cette immense multitude. fut de suite compris et l'air retentit de « Vive la Reine ! Vive le général ! » La Reine arriva saine et sauve à Paris. Le même jour s'ouvrit le club des Jacobins, contre lequel Lafayette se déclara de suite, et il institua, de concert avec Bailly, maire de Paris, un autre club pour contrebalancer l'influence du premier. La victoire demeura incertaine entre les partis représentés par ces deux sociétés pendant deux ans. Cette lutte plaçait cependant Lafayette dans une position très dangereuse, il était obligé de repousser les Jacobins sans reculer vers le despotisme, et l'on doit dire à son honneur qu'il suivit cette ligne avec une fidélité, une fermeté parfaites, sans compromettre ni son jugement ni ses principes.

Le 20 juin 1790, la proposition imprévue d'abolir la noblesse, fut émise devant l'assemblée nationale. Fidèle à ses principes, Lafayette se léve pour l'appuyer. Un député objecta con tre cette mesure ; que le Roi ne pourrait plus offrir une aussi noble récompense que celle qui fut conférée par Henri IV, quand il donna la noblesse et le titre de comte à un homme obscur, pour avoir sauvé l'état en tel temps. « La seule différence », dit Lafayette, « sera dans l'omission des mots de noble et de comte ; et en pareil occasion l'on dira : tel homme sauva l'état. » A cette époque Lafayette, renonça au titre de marquis, et ne l'a jamais repris.

Le 14 juillet 1790, anniversaire de la prise de la Bastille, l'acceptation de la constitution eut lieu dans le Champ-de-Mars. Ce jour là le général avait sous son commandement quatre millions d'hommes représentés par quatorze mille députés des gardes nationales ; et il jura fidélité à la constitution, pour le bien du peuple sur l'autel érigé au milieu de l'arène. Jamais on ne vit plus solennelle, plus magnifique cérémonie. Jamais peut-être aucun homme ne jouit de la confiance d'une nation aussi pleinement que Lafayette, lorsqu'il remplit le rôle le plus éminent dans cette scène extraordinaire.

Cependant les jacobins gagnaient tous les jours du terrain. La fausseté de la cour, l'attitude hostile des gouvernemens étrangers, tout se réunissait pour empêcher la constitution de prendre racine. Parmi d'autres imprudences qui détruisirent enfin la popularité du

Roi, il eut celle de prendre pour confeseur un prêtre qui n'avait pas prêté serment à la constitution, et voulut aller faire ses dévotions de Pâques à St Cloud. Mais le peuple et la garde nationale arrêtèrent sa voiture, et Lafayette, qui arriva à la première nouvelle du danger, dit au Roi : « Si votre majesté croit sa conscience intéressée à prendre un tel parti, nous mourrons s'il le faut pour qu'elle puisse le suivre. » Le monarque hésita, et se désida enfin à rester à Paris. Lafayette, fidèle à ses sermens, défendant la liberté du Roi avec autant de fermeté qu'il avait défendu celle du peuple, se trouvait dans une position qui devenait toujours plus scabreuse. On lui offrit alors le titre de connétable ou celui de généralissime des gardes nationales ; mais il crut meilleur pour la sureté de l'état que de semblables charges n'existassent pas, et à la dissolution de l'assemblée constituante, il remit son commandement et se retira dans ses terres.

En 1792, la guerre fut déclarée à la France par l'Autriche, et Lafayette prit le commandement d'une des trois armées françaises. Les jacobins cependant méditaient le renversement de la constitution. Cet ordre public que Lafayette n'avait cessé d'invoquer en toute occasion n'existait plus. Dans ces circonstances, il écrivit avec un courage que peu d'hommes ont montré, une lettre à l'assemblée, par laquelle il dénonçait la faction des jacobins, qui marchait rapidement à la puissance, et il en appelait aux autorités constituées pour mettre un terme aux atrocités qu'ils provoquaient ouvertement. Il osa dire: « il faut que le Roi soit respecté, car il est investi de la majesté nationale ; il faut qu'il choisisse des ministres qui ne soient les chefs d'aucune faction ; et s'il existe des traîtres, il faut qu'ils périssent, mais sous le glaive des lois. » Il n'y avait pas deux individus en France, qui fussent capables de risquer une telle démarche ; et il ne fallait pas moins que l'immense influence du général pour garantir sa tête quand il exprimait de telles opinions.

Le 8 août son arrestation fut proposée, mais les deux tiers de l'assemblée votèrent contre. Enfin les jacobins l'emportèrent, la majorité des députés intimidés ou dégoûrages ayant cessé d'assister aux séances.

Lafayette ne pouvant plus rester à Paris, en sureté, rejoignit son armée qu'il trouva infectée du même poison désorganisateur, et d'après les mouvemens manifestés dans les troupes, il devint évident qu'il était également en danger au milieu d'elles. Le 17 août, il se décida alors à sortir de France, accompagné de ses officiers d'état major. Alexandre de Lameth, Latour-Maubourg et Bureau de Passy, et peu d'heures après il avait passé les frontières.

La même nuit les exilés furent arrêtés par une patrouille autrichienne et exposés aux plus indignes traitemens. On les remit d'abord à la garde des Prussiens, (les forts de cette nation se trouvant les plus proches) ; mais ils furent ensuite rendus à l'Autriche, quand la Prusse fit sa paix séparée, et on les conuisit dans les cachots humides et malsains d'Olmütz.

Parmi les souffrances qu'une basse vengeance infligea à Lafayette, on peut citer la déclaration qui lui fut faite, qu'il ne sortirait jamais des murs de cette forteresse ; qu'il ne recevrait aucunes nouvelles, soit des événemens, soit des personnes ; que son nom serait inconnu dans la citadelle même, et que dans les comptes que l'on rendrait de lui à la cour, il serait désigné par un numéro; qu'enfin il ne saurait jamais rien de sa famille ou de ses compagnons d'infortune ; ses maux surpassèrent souvent ses forces, et le manque d'air, l'humidité, la malpropreté de sa prison, le mirent plusieurs fois aux portes du tombeau. (1) En même temps ses biens furent

---

(1) Cette détestable et inutile tyrannie n'est malheureusement pas une histoire des temps passés. En ce moment les mêmes scènes ont lieu dans les cachots de spitzberg, et des autres forteresses du despotisme Autrichien. Là gémissent les patriotes italiens ; la après dix ans de captivité, le courage, le talent

confisqués. En France, sa femme fut jetée en prison, et l'on punissait de mort les *fayettistes*, (ainsi que l'on nommait ceux qui étaient attachés à la constitution de 1791.)

On remarque dans le nombre de ceux qui firent les démarches les plus empressées pour découvrir le sort de Lafayette, le comte de Lally Tolendal, alors émigré à Londres, et le docteur Eric Bollman, hanovrien dont l'esprit avantureux le porta à chercher le lieu de la captivité du général, et à tâcher de le délivrer. Au premier voyage qu'il fit en Allemagne, dans cette vue, il n'eut aucun succès, mais les amis de Lafayette ne se laissaient pas décourager si facilement.

En juin 1794, Bollman retourna en Allemagne et recommença ses recherches. Il parvint à retrouver avec une persévérance et une adresse infinies les traces des prisonniers, depuis la Prusse jusqu'à Olmütz ; ensuite il communiqua son plan de délivrance à ceux qui devaient en être les objets, et reçut leurs réponses. Après un intervalle de plusieurs mois, il fut décidé que l'on tenterait de délivrer Lafayette, pendant une des promenades qu'on lui permettait de faire à cause de sa santé délabrée. Françis Huger, jeune Américain qui se trouvait alors par hasard en Autriche,

---

sont encore exposés aux mêmes cruels traitemens.

prit part à cette entreprise ; et comme les libérateurs et le captif ne se connaissaient pas personnellement, on convint que lorsque le moment de la délivrance serait arrivé ils se reconnaîtraient mutuellement en ôtant leurs chapeaux et en s'essuyant le front.

Après s'être assurés du jour de la promenade de Lafayette, le docteur Bollman et Huger envoyèrent leur voiture au village de Hoff, à environ vingt milles sur la route qu'ils comptaient suivre, et ils se rendirent à cheval au lieu de leur entreprise. Une voiture, dans laquelle ils supposèrent que se trouvait le prisonnier, sortit du fort, les deux amis marchèrent lentement à côté d'elle, et firent le signe convenu au quel on répondit. A deux ou trois milles, la voiture quitta la grande route, et, passant par un chemin peu fréquenté, arriva dans une plaine découverte ou Lafayette descendit pour se promener, gardé par le seul officier qui l'avait accompagné. Bollman et l'Américain fondirent ensemble sur cet homme, qui, après une légère résistance, s'enfuit vers la citadelle, pour y donner l'alarme.

Cependant un des chevaux s'étant échappé, Lafayette fut obligé de partir seul après avoir reçu en *anglais*, de la bouche de M. Huger, l'indication d'aller à Hoff: Malheureusement la ressemblance des mots fit croire au général qu'on lui disait simplement de s'en aller (go off.) Il prit une fausse route qu'il suivit tant que son cheval put le porter; et fut arrêté au village de Tagersdorff; et détenu comme suspect jusqu'à ce qu'il fut reconnu par un officier d'Olmütz, deux jours après.

Ses amis, non moins malheureux, furent pris et séparément emprisonnés sans que l'un eut conaissance de l'autre. M. Huger fut enchaîné sur le sol d'un cachot voûté, de six pieds de haut, et mis au pain et à l'eau pour toute nourriture. Une fois en six heures, le gardien entrait pour visiter chaque brique de la prison, chaque anneau de la chaîne du prisonnier. Aux instantes prières qu'il fit pour qu'on lui permit d'envoyer à sa mère, en Amérique, ces seuls mots : *je suis vivant*, on répondit par un dur refus. Enfin, après trois mois de délai, le procès des deux captifs fut entamé, et par les soins du comte Metrowsky, ils ne furent condamnés qu'à un emprisonnement de quinze jours, au bout des quels ils furent mis en liberté. Peu d'heures après leur départ d'Olmütz, un ordre arriva pour recommencer leur procès ; mais ils étaient déjà hors des atteintes de leurs persécuteurs.

En 1796; la motion du général Fitz Patrick, pour que l'on fit une enquête sur le sort de Lafayette, produisit un débat dans la chambre des communes anglaises, dans laquelle la conduite honteuse du gouvernement autrichien fut exposée à la face de l'Europe ; mais la majorité de Pitt prévalut sur ce point : la motion fut inutile, et n'excita probablement pas beaucoup de compassion parmi le peuple.

Toutefois, les Américains n'étaient pas oisifs ; et l'immortel Washington ne pouvait rester spectateur indifférent des souffrances de son amis. La lettre qu'il adressa à l'empeureur d'Autriche, est un monument à la gloire de son auteur, à la honte du despote qui a pu la lire sans en être touché.

Le 27 âout 1797, à la demande de Bonaparte, Lafayette, fut enfin délivré ainsi que sa famille. Madame Lafayette et ses filles, avaient partagé sa prison pendant vingt deux mois, et lui même avait été cinq ans prisonnier. La santé de Madame de Lafayette ne se remit jamais parfaitement des mauvais effets de sa détention, quoiqu'elle ait survécu plusieurs années à son retour à la liberté. La France en ce moment était encore trop agitée pour que Lafayette, y put rentrer en sureté, le directoire n'ayant même pas révoqué la sentence que les Jacobins avait prononcée contre lui. Ce ne fut donc qu'après le 18 brumaire que son exil cessa, et qu'il se retira à La Grange, petite terre qu'il possédait à environ quarante milles de Paris, et dans laquelle il a toujours résidé depuis ce temps.

Entre Napoléon et Lafayette, il ne pouvait y avoir aucun accord d'opinions et de vues politiques. Le dernier vota contre le consultat à vie , et écrivit une lettre à ce sujet à Bonaparte lui-même. De ce moment toutes relations cessèrent entr'eux ; Napoléon refusa même constamment d'avancer George Washington Lafayette, fils du général, et M. de Lasteyrie son gendre, quoique l'un et l'autre se fussent distingués dans l'armée. Il raya lui-même une fois leurs noms, qui avaient été placés sur une liste de promotions, en disant avec dépit : « Ces Lafayette se trouvent toujours sur mon chemin. »

La restauration des Bourbons, en 1814, ne changea rien à la position de Lafayette. Il se présenta une fois à la cour et y fut bien reçu ; mais le gouvernement d'alors n'allait pas selon ses vœux, et il ne retourna pas au palais des tuilleries.

Après l'apparition de Napoléon en 1815, Lafayette protesta contre l'acte additionnel, et fut nommé député par le même collège d'électeurs qui avait reçu sa protestation. Napoléon, à cette époque, désirant s'aider de son influence, lui offrit la première place dans la nouvelle chambre des pairs qu'il se proposait de créer. Lafayette déclina cette offre. Il revit Napoléon pour la première fois, à l'ouverture des chambres, le 7 juin. « Il y a plus de douze ans que nous ne nous étions rencontrés, général, » lui dit Napoléon de l'air le plus gracieux : mais Lafayette reçut les avances de l'Empereur avec une défiance marquée, et tous ses efforts tendirent à engager la chambre à se montrer la représentation du peuple français et non un club dévoué à Napoléon.

Après la bataille de Waterloo, Napoléon s'était déterminé à dissoudre la chambre et à reprendre le pouvoir dictatorial. Regnault saint-Jean-d'Angeli, l'un des conseillers qui n'approuvait pas cette mesure violente, informa Lafayette que dans deux heures le corps législatif aurait cessé d'exister. Aussitôt que la séance fut ouverte, Lafayette, avec ce même courage, ce même dévouement qu'il montra à la barre de l'assemblée nationale en 1792, monta à la tribune pour la première fois depuis vingt ans, et prononça un discours concis mais énergique, qui eut été son arrêt de mort s'il n'avait été soutenu par l'assemblée à laquelle il s'adressait. Son résultat fut que la chambre se déclarait en permanence, et considérait toute tentative pour sa dissolution comme haute trahison.

Au moment de l'abdication de Napoléon, qui suivit de près ces évènemens, on fit le projet de mettre Lafayette à la tête des affaires, comme possédant la confiance de la nation, particulièrement de la garde nationale, qu'il voulait immédiatement appeler en masse ; mais une scène d'indignes intrigues était commencée, et l'on établit un gouvernement provisoire dont la principale mesure fut d'envoyer le général avec une députation aux puissances alliées pour tâcher d'arrêter l'invasion de la France ; cette ambassade n'eut aucun succès , comme le supposaient et l'espèraient ceux qui l'avaient imaginée. Les troupes alliées entrèrent dans Paris , et le gouvernement représentatif fut dissous. Plusieurs députés se réunirent chez Lafayette , signèrent une protestation formelle , puis regagnèrent paisiblement leurs demeures.

En 1825 , il accepta l'invitation de visiter encore le nouveau monde , que le peuple des États-Unis lui fit présenter. Ce n'étaient plus , hélas ! les Franklin , les Washington , qui le priaient de venir revoir la terre au bonheur et à la grandeur de laquelle ils avaient tous si puissamment contribué. Dans l'intervalle d'un demi siècle , plusieurs générations avaient déjà participé aux fruits de leurs travaux; mais la reconnaisance pour Lafayette était un héritage national transmis et conservé précieusement par les Américains de tout âge. L'hôte de la nation fut reçu par les fils et les petits fils comme le libérateur l'avait été par les pères quand il vint partager leurs dangers et préparer leurs triomphes.

Son retour dans sa patrie et dans sa famille a été accompagné des même triomphes ; et chaque jour de sa vie ajoute à sa renommée , à l'éclat de sa position sociale. Toutes les fois qu'il a eu l'occasion de se présenter au public, dans la joie ou dans la tristesse aux funérailles de son ami Foy, ou dans les fêtes de l'indépendance française et américaine si souvent célébrées dans la capitale de la civilisation européenne, il a paru entouré de sa garde d'honneur, la jeunesse de France, au milieu des acclamations d'une affection vraiment nationale.

NOTICE SUR LA VIE
DU
GÉNÉRAL LAFAYETTE.

L'exemple d'incorruptible probité offert par la vie entière de ce grand et excellent homme et le poids dont il est dans toutes les sociétés, ne peuvent trop souvent être recommandés à l'imitation publique. L'histoire de Lafayette et lui-même n'appartiennent pas seulement à la France, mais à toutes les nations civilisées. Il n'existe pas un ami de la liberté qui ne soit intéressé à sa bonne renommée. Son esprit, comme une monnaie de fin métal, devenu plus brillant encore par l'usage, s'est montré, dans toutes les occasions où la liberté exigeait ses services, avec une énergie qui surpasse encore celle de la première jeunesse. Il a résisté à toutes les tentatives contre la liberté de la presse et l'intégrité des élections, avec la même fermeté qui distingua tous ses votes et la même ténacité aux principes qu'il adopta dès le début de sa noble carrière. Son assiduité à remplir ses devoirs de député est aussi constante que si l'âge ne pouvait affaiblir ni son corps ni son esprit. Hors de la chambre son influence est peut-être encore plus marquée; il est en effet le centre autour duquel se meut toute l'opposition libérale, le guide vers lequel la jeunesse et l'âge avancé tournent leurs regards avec une égale confiance, une égale affection. Il n'obtient pas cet ascendant en flattant la multitude, en se livrant à aucune exagération; on ne peut même dire qu'il soit le résultat de ces talens irrésistibles que l'on voit quelquefois unis au jugement et à l'honnêteté; il n'a pas l'éloquence entraînante de Mirabeau, le brillant de Canning, l'habileté financière de Necker, ni la philosophie politique de Bentham et de Romilly. Son pouvoir persuasif est la force du bon sens et de la conviction personnelle, la clarté de ses vues et l'énergie avec laquelle il les expose. En un mot, c'est la force de la probité, de la vertu publique et privée ; et si dans les orages des passions, au milieu du tourbillon révolutionnaire, cette force a été trop souvent vaincue par des qualités plus imposantes et des volontés plus impérieuses : on observe néammoins à l'honneur de la nature humaine, que le plus puissant instrument pour remuer le public, est une probité éprouvée jointe à une constance sur laquelle le peuple a long-temps compté pour la défense de ses intérêts.

Une députation de la chambre s'était présentée au Roi Charles X, à propos de quelque loi, et le nom de Lafayette ayant été prononcé, il dit: *Dans notre jeunesse nous avons fait bien des parties ensemble : depuis j'ai été fort opposé à ses opinions ; mais c'est un honnête homme que le marquis de Lafayette, et je n'oublierai jamais qu'il a sauvé la vie de Louis XVI.*

Un témoignage également honorable a été rendu aux vertus de Lafayette par un membre de l'ancien ordre privilégié, l'abbé de Montgaillard, dans son admirable histoire de France.

« Combien citerait-on de ces hommes qui ont traversé la révolution sans dépasser les principes, sans avoir fléchi devant ce qu'on appelle la nécessité des circonstances ! Nécessité qui se renouvelle tous les jours pour les lâches et les ambitieux. On en découvre à peine quatre : Lafayette, Lanjuinais, La Rochefoucault-Liancourt, Boissy D'Anglas. Il faut ajouter qu'aucun de ces quatre personnages n'est reprochable aux yeux de la morale : on ne saurait leur attribuer une injustice préméditée, un attentat volontaire. En vain des écrivains, qui ne mirent jamais plus d'équité dans leurs allégations que le parti dont ils étaient l'organe ne mit de prudence et de raison dans ses démarches, essayèrent ils de rendre Lafayette odieux en l'accusant de plusieurs forfaits et de desseins régicides.

Jamais ils n'établirent aucune preuve ; jamais ils ne présentèrent même des indices vraisemblables qui pussent le faire soupçonner d'actes criminels. Il s'était fait un système de rénovation qu'il croyait convenir à la France. Les paroles qu'il a pronoucé à la tribune des députés dans les derniers jours, annoncent qu'il n'a point altéré les idées principales de ce système. Honneur aux quatre qui n'ont peint menti à leur conscience ! » (MONTGAILLARD, *Histoire de France*, TOM. XI, p. 262.)

FIN.

MARSEILLE.
Imprimerie d'Hu. TERRASSON, rue Vacon, N° 53.

www.ingramcontent.com/pod-product-compliance
Lightning Source LLC
Chambersburg PA
CBHW060613050426

42451CB00012B/2221